나귀의 방울소리체험

나의 영혼소리처럼 (2015. 제1집)

초판 1쇄 인쇄 | 2015년 4월 10일
초판 1쇄 발행 | 2015년 4월 15일

지은이 | 김유신 외 10인
발행인 | 김영만
주 간 | 이은별

발행처 | 도서출판 지성의샘
출판등록 | 2011. 6. 8. 제301-2011-098호
주 소 | 서울시 중구 을지로 14길 16-11 (2층)
전 화 | 02-338-2734, 2285-0711
팩 스 | 02-338-2722

값 10,000원

ISBN 979-11-85468-22-8

* 잘못된 책은 서점에서 교환해 드립니다.

나귀의 엉덩소리처럼

2015 · 제1집

지성의샘

◆첫 시집을 내며◆

새 희망을 주는 밝은 빛이 되기를

　여러 지역의 개성 있는 시인들이 한 자리에 모였다. 시인들은 저마다의 세계가 다르듯, 지역의 특성과 살아가는 양상도 다르다. 그래도 시인은 시를 쓴다는 하나만으로도, 만나면 서로 마음이 통하고 혈맥이 통한다.
　예전에는 등단 출신지가 다르고 서로 먼 거리에 있어도, 시인들의 만남과 정분이 각별했다. 한때는 70년대 나온 시인들이 모여 만든 사화집이 있었다. 교향곡이 울려내는 음악과 같이 저마다의 시인들이 울려내는 화음으로 이루어진 사화집이었다.
　그때는 도시에 사는 시인이 지방에 사는 시인을 만나지 못해도, 작품으로 만나 읽는 것만으로도 반가워했다. 더구나 통금이 있던 시절이라 어쩌다가 만나게 되면 자정이 가까워오는 줄도 모르고 술을 마시다가, 집에 돌아가지 못한 경험을 누구나 가지고 있었다.
　지금은 문인 상호 간이나 선후배 간에도 깊은 정분을

맺고 지내는 경우가 그렇게 많지 않다. 개인주의와 물질로 치닫는 세상 인정은 삭막하게 되어 서로 등단 출신지가 다르면 만나기도 어렵다. 여러 신문이나 문학잡지 출신들은 골목길의 구멍가게처럼 그들 끼리만이 골목에서 모이고 오간다.

그 옛날 작품으로만 알던 시인이 먼 곳에서 오면 자기 집으로 데려가 함께 밤을 지새던 시절이 그리워진다. 그러한 지난날의 그리움으로, 각 지역의 시인들이 모여 지나간 세월을 짚어보며 사화집을 묶게 되었다. 시를 쓴다는 하나만으로 형제처럼 혈연으로 맺어진 그 시절의 그들이 어느 사이에 중진을 넘어 원로시인에 이르게 되었다.

이들의 삶과 문학이 한 자리에 모였다. 제주, 경주, 광주, 부산, 통영, 안동, 상주, 홍성, 정선, 삼척, 안성의 11명의 시인들이 이처럼 한자리에 모이기도 어려울 것이다.

우리의 사화집이 온 세상에 피어나는 연초록의 잎처럼 새 희망을 주는 밝은 빛이 되기를 기원한다.

2015. 4. 10
안성 청류재에서 金有新

CONTENTS

■ 첫 시집을 내며 - 새 희망을 주는 밝은 빛이 되기를 _ 4

구재기

신작시
웃는 꽃 _ 12
어둠 뒤에 _ 13
바닥 _ 14

자작선시
파도波濤 _ 16
섬 하나 _ 17
타이를 매며 _ 19
바람은 온기溫氣를 보았다 _ 21

김성춘

신작시
봉황대 지나며 _ 26
목련 _ 27
거름 이야기 _ 28

자작선시
계림의 늙은 회화나무와 나 _ 29
쇼스타코비치 제8번 듣는 밤 _ 30
옥룡암에서* _ 31
김 아우구스티노의 영결미사에 가서 _ 32

CONTENTS

김용길

신작시
제주의 겨울바다에서 _ 36
서귀포의 봄 올렛길을 가다 _ 37

자작선시
입춘방立春榜을 붙치며 _ 38
나이 셈하기 _ 39
윤회輪廻 _ 40
가을날 산사山寺에 올라 _ 42

김 원

신작시
아버지의 농업 _ 46
미래사*에서 _ 47
죽음의 죽음 _ 48

자작선시
제야의 종소리 _ 49
빙어 낚시 _ 50
섬진강 _ 51
기러기 가족 _ 52

김유신

신작시
물박달나무 _ 56
나는 변이를 기다린다 _ 58

CONTENTS

가을 잎의 노래 _ 62

자작선시
鶴마을의 노래 _ 64
수정란·1 _ 65
갈잎 소리·1 _ 66

박찬선

신작시
후투티*를 위하여 _ 70
망우초忘憂草를 보면 _ 71
대추나무를 베다 _ 73

자작선시
돛단배를 보아야 시상이 떠오른다 _ 74
새 _ 75
플루트와 갈매기 _ 76
청류재에서 _ 77

송수권

신작시
물꽃 _ 80
석남꽃 꺾어 _ 81
젊은 날의 초상 _ 82

자작선시
내 사랑은 _ 83

CONTENTS

꿈꾸는 섬 _ 84
뻘물 _ 86
여자 _ 87

신승근

신작시
내 몸이 시가 되는 순간·1 _ 90
내 몸이 시가 되는 순간·2 _ 91
여래가 다녀가셨다 _ 92

자작선시
봄이다 _ 93
나무의 목숨 _ 94
아버지와 아들 _ 95
경계 _ 97

정연휘

신작시
수로부인과 술 한 잔을 _ 100
죽서루에 오르면 _ 101
마이산 북소리 _ 102

자작선시
묵시록·1 _ 103
해일주의보 _ 104
여름 바다에서 _ 105
찔레꽃 _ 106

CONTENTS

조영일

신작시
노숙 _ 110
그곳에는 비가 내리고 있었다 _ 111
원경遠境 _ 112

자작선시
편지 _ 113
1인 시위자 _ 114
망월동에서 띄우는 엽서 _ 115
꽃 지는 봄날 _ 116

차한수

신작시
뜨거운 달 _ 120
물구나무서서 보기 _ 121
튀튀새 울다 _ 122

자작선시
별똥별 _ 123
서포西浦에서 _ 124
거울 _ 125
별자리 · 5 _ 126

신작시
· 웃는 꽃
· 어둠 뒤에
· 바닥

자작선시
· 파도波濤
· 섬 하나
· 타이를 매며
· 바람은 온기溫氣를 보았다

구 재 기

· 1978년 「현대시학」으로 등단
· 시집 :「추가 서면 시계도 선다」, 시선집 「구름은 무게를 버리며 간다」 등 다수
· 수상 : 충남도문화상 · 시예술상본상 · 충남시협본상 등
· 2010년 교직에서 물러나 현재 충남 서천의 고향집을 리모델링한 후 당호(堂號)를 〈산애재(蒜艾齋)〉(충남 서천군 시초면 시초로 187)라 하고는 야생화를 중심으로 꽃을 기르면서, 〈Daum-Cafe 산애재(蒜艾齋) http://cafe.daum.net/koo6699)〉를 운영하며 살아가고 있음.
· 현재 : 충남시인협회 회장
· 주소 : 충남 홍성군 홍성읍 문화로 72번길 92, 주공그린빌 102동 702호
· 전화 : 010-5458-0642, E-mail : koo6699@hanmail.net

웃는 꽃

꽃은
벌이 왔다
가는 줄도 모른다

이 꽃 저 꽃
수없이 날아다니며
조금씩만 꿀을 취하는

벌은
한 꽃에
오래 머물지 않는다

그래서
웃는 꽃에게는
늘 꿀이 고여 있다

어둠 뒤에

간밤에
바람이 창문을
흔들고 후려치던
빗소리가 몸부림이더니

눈부신
아침, 텃밭가
모진 가라지*가
쓰러진 몸을 일으킨다

몸짓 하나
말 한 마디
그리고
생각 하나로

어둠에서
비롯된 결과는
볼 수 있어도
어둠은 결코 볼 수 없다

  * 가라지 : 밭에 난 강아지풀

바닥

맑은 물일수록
바닥이 잘 보인다
고기 한 마리
살지 않아도 좋다

바닥[底]이란
송두리째 보인다는 것
갈 길을 돌리고
바닥에 닿을 수 없을까

물속 바닥으로는
나뭇잎이 떨어지고
구름 흐르는 그림자
하늘처럼 내려와 앉고

그래, 그래,
물낯의 햇살처럼
헤픈 몸짓으로 헤살될 때
분별을 잃고 있을 때

감당할 수 없는
차가운 비수처럼
가슴에 닿아
비로소 바닥 치는 소리

사랑한다는
맨 처음의 고백처럼
고스란히, 다시
바닥을 내보일 수는 없을까

자작선시

파도波濤

바다가, 꿀꺽
해를 삼켜 버리듯
서산 너머로, 꼴깍
해를 넘겨 버리듯

빨주노초파남보
그 찬란한 빛깔들을
꿀떡, 해치우는 어둠

그 어둠 속에서
목숨을 길어 올리는
울부짖음이
밤새도록 그치지 않았다

섬 하나

국도 77번
백수해안도로를 달리다가
젊은 미망인처럼 홀로
바다에 떠 있는
섬 하나를 본다
생의 몸부림처럼
온몸에 가시를 세워
해당화는 피고
향기는 즐거움처럼
한창 소란이지만
무슨 까닭일까,
출렁이는 물결에도
섬은 깊은 침묵이다
길은 찾으면, 또 다른 길이
절로 나타난다고 하지만
그렇다, 섬은 이미
모든 길을 잃었다
바다 어디에서건
한 바리 물을 떠 오더라도
그 맛은 한결 같은데
무엇을 생각할 수 있으랴
섬과 섬 사이로 만나
물결처럼 끝없이 부서지다가
삶과 죽음을 깨닫다 보면

가진 것 모두 다
버리지 못하고 있었구나
조금씩 남겨두고 있었구나
77번 백수해안도로 아래
바다에 몸부림으로 떠있는
섬 하나, 슬픔을 내어
홀로 서 있는
젊은 미망인을 본다
마주한 내 눈물을 만난다

타이를 매며

언제부터인가
거울 앞에서, 나를
알아보지 못하는 나를 본다
물에 젖은 머리를
목욕탕에서 끌고나와
박박 문지르며, 탁탁 털어내며
부지불식, 거울 앞에 선다
언제는 거울을 보며
그리하지 않았던가
거울을 보지 않더라도
그냥 거울 앞에 서서
마지막 물기까지 털어내고
닦아냈을 뿐이다
서둘러 밥을 안치고 수저를 놓고
아침 식사를 마치고
다시 양치를 하고
거울 앞에 서는 순간,
아차, 그제서야 아내가
딸년 네에 간 것을 알아차린다
이제 아내 없이도
홀로 아침밥 안치고
밥 해먹을 나이에 이른 것일까
아내가 곁에 있어도
없어도 있는 것 같이 느껴지는

거울 앞에 선 나
거울 속의 나를 바라보는
미더운 나의 목을 죈다
때깔 좋은 타이 하나 골라
변형된 의식을 옭아맨다

바람은 온기溫氣를 보았다

바람은 낙엽을 몰아
바람타지 않는 구석으로
낙엽을 몰아 넣었다
비록 온몸을 날려
세상을 휘젓고 다니지만
거처로부터 쫓겨나와
이리저리 떠돌아다니는
메마른 낙엽을 저버릴 수 있으랴
전혀 바람타지 않는 곳
조금이라도 발자국 스치면
고스란히 부서져버리는
낙엽들, 한때 짙푸른 날들을 생각하다
쉽사리 바스라질 서러움에
낙엽들, 저들끼리 모이면
서로서로 몸을 부빈다
한길로부터 한참을 떨어져
햇살 한 줌 비춰지지 않는
거대한 도시, 맵고 구석진 곳
가출소녀들처럼
이마를 맞대고, 옹기종기
낙엽끼리 쌓이고 쌓여
서로가 서로에게
부여하는 침묵의 온기
바람은 바람타지 않는 구석으로

낙엽을 몰아 쌓이게 하고
바람은 마지막으로
꺼져가는 온기를 보았다

김용길 시인

김성춘

신작시
- 봉황대 지나며
- 목련
- 거름 이야기

자작선시
- 계림의 늙은 회화나무와 나
- 쇼스타코비치 제8번 듣는 밤
- 옥룡암에서*
- 김 아우구스티노의 영결미사에 가서

- 1974년 「심상」 제1회 신인상 등단(박목월, 박남수, 김종길 추천)
- 시집 : 「방어진 시편」, 「물소리 천사」 외 다수, 시 선집 「나는 가끔 빨간 입술이고 싶다」
- 수상 : 울산문학상 · 월간문학동리문학상 · 바움문학상 · 최계락문학상 · 한국가톨릭문학상 수상
- 현재 : 동리목월문예창작대학 교수, 계간지 「동리목월」 기획주간
- 주소 : 경북 경주시 배만중리길 66(배반동)
- 전화 : 010-6563-5509, E-mail : kimsungchoon@hanmail.net

신작시

봉황대 지나며

저것은 누구의 꽃잎일까
아니 저것은
인간이 버린 헐벗은 신발일까

저 쓸쓸한 꽃잎에서 나는
하나의 혁명을 본다
불편한 역사, 하나의 슬픈 꽃 그림자를 본다

―거기 누구 있어요?
―들어가도 괜찮아요? 내 목소리 잘 들려요?*

뭐라구요? 잠시 지나가는 꽃 그림자라구요?
내일은 당신? …뭐라구요?

좌우지간
시가 나를 고, 쳐, 준, 다, 구, 요?
내 원 참…

목련
― 상냥한 당신

1

아침에 일어나 언제부턴가 짧은 기도를 합니다
비 바람 속을 오래 걸었습니다 그러나 비 바람도 이제 내 친구입니다
당신께서 내게 주신
오늘의 맑은 햇살과 야생의 바람 한 줄기, 감사합니다
맑고 맑은 당신

2

부활절 아침, 성당 가는 길입니다
옷 시장 북적거리는 시장통 지나 목련이 터지고 있습니다
마르코 신부님이 오셨습니다
입구에서 희고 부드러운 손으로 맞아 주십니다
성당 입구 쪽 하늘이 분홍빛으로 환합니다
아, 꽃으로 오시는 당신

3

흰 옷 입은 마르코 사제가 목련 촛불을 들고
하늘에 미사를 올리고 있습니다
한 생이 꽃과 함께 저물고 있습니다
목련이 혼자 피었다 혼자 지고 있습니다
흰 빛의, 오, 상냥한 당신

김성춘

거름 이야기

개를 좋아하는 나는 아침이면 제일 먼저 개똥을 치운다
굵은 똥도 치우고 까만 하루 가느다란 똥 누런 하루도 치운다
굵은 똥에서도 까만 똥에서도 개똥은 개똥, 인간들의 것처럼
지독하지 않아 다행이다 오욕칠정 백팔번뇌가 없어서일까?
개를 좋아하는 나는 오래된 배나무 아래 개똥을 묻는다
즐겁게 즐겁게 휘파람 불며 묻는다
흙으로 살살 덮으며 오늘의 운세를 오늘의 허물을 묻는다 개똥
을 묻으면 개똥은 부끄러운지 몸을 푸슬푸슬 흔들며 흙 깊은 곳
에 얼굴을 섞으며 뜨거운 노래로 묻힌다

나는 삽으로 오늘도 개똥을 까만 하루를 덮어 준다
대지의 마음으로 개똥을 덮어 주면 개똥은 놀랍게도
흙의 가슴 한 중심에서 향기로운 거름으로! 다시 태어난다.

자작선시

계림의 늙은 회화나무와 나

계림 숲에 갔다
입구, 회화나무 한 그루
너무 늙었다
팔과 목이 짤린 토르소다
온 몸에 시멘트 붕대를 칭칭 감고 있다
중환자 같은 저 나무
그런데 와, 저 나무, 진짜 시다

어떻게 몇 백 년을 그 강, 견뎌 왔을까
박수근 화가 생각이 났다
육이오 전쟁통 경주에 피난 왔을 때
계림 숲에 가 날마다 사랑했다던 그 나무
저 토르소 나무!
지상에 뿌리박은 상처 같은
그렇지, 상처가 시다
하느님이 그린 저 나무
너와 나의 자화상 같은
그래, 나무의 마음은 나무만이 알지
나 같은 얼치기는 죽었다 깨어나도 알 수 없지

눈발이 뿌리는 하루를
헌 신발처럼 신고 오늘 계림 숲에 갔다
담담한 마음으로
아,
나도 늙은 토르소 나무로 살고 싶은 날.

김성춘

쇼스타코비치 제8번 듣는 밤
―2014년 봄

비가 옵니다. 마을 앞 들에도 냇가에도 모래 위 나라에도
밤이 팽팽 합니다.
비는 조금도 낡지 않았고 비는 또 다른 비를 부릅니다
당신이 좋아하는 왈츠 곡에도 전쟁 교향곡에도 비가 옵
니다.
마음 깊은 곳 고압전류가 쨍쨍 합니다
슬픔은 아무리 사소한 슬픔이라도 깊습니다
상심 속 밤은 하염없고
파초잎에 내리는 저 초록 비
석류꽃에는 붉은 비가 옵니다
모래 위 나라 축축합니다
노래와 전쟁은 시퍼렇게 흐르고
비누로도 지워지지 않는 상처 위에 밤비가 옵니다
어제의 비는 어제의 비, 나는 창문을 열고
두 손을 꼭 진 채, 떠난 꽃봉오리들을 생각합니다
컹컹컹 컹컹컹, 비가 비를 부르는 밤
세상 밖으로 흘러간 꽃봉오리들에게 내 온 몸을 난타당
하는
지금은 바다보다 깊은 밤.

옥룡암에서*

오솔길 따라 가니 숲이 허공에 닿아 있다 저 부처바위도 허공이다
온 몸에 문신을 한 바위를 본다 무에 그리 간절했을까
짐승 울음소리, 스님 목탁 소리, 무소의 뿔로 가는 바람 소리
바람 소리에 몸을 맡기며 너럭바위에 벌렁 누워 책을 읽는다
책 갈피에서 새소리가 쏟아진다

바위 속에서 새소리가 다시 쏟아진다
입 코 뭉개진 부처 불러내 차 한잔 하고 싶다
묵묵히 부처바위를 한 바퀴 돈다 무에 그리 간절했을까

갈수록 생이 암벽처럼 꿈쩍도 않는다
코 뭉개진 시간들 어디로 갔을까 잘 보이지 않는다
나는 돌 속으로 들어가지 못하고
바위에 잿빛 승복을 입은 스님 잠시 비치다 사라진다 무에 그리 간절했을까

바위의 몸에서 연꽃 한 송이 피어 하늘로 가고 있다 맨발이다
나는 산을 지나가는 바람 소리 공짜로 듣는다
바위 하나가 자신의 침묵을 완성하고 있다.

* 옥룡암 : 경주 남산 탑곡 마애불상군이 있다

김성춘

김 아우구스티노의 영결미사에 가서
—2014년 7월 8일

*

첫 기차를 탔다
남산도 선도산도
산 안개에 젖어 있었다

안개는 죽어서 어디로 가나?
*
고별미사가 막 시작되고 있었다
영정 속,
못을 몇개 뽑다 만 그가 나를 보고 있었다
촛불 든 천사가
트럼뱉을 불고 있었다
*
고해성사를 하고 있었다

"오늘 성당에서 /아내와 함께 고해성사를 하였습니다/
못자국이 유난히 많은 남편의 가슴을/
아내는 못본 척 하였습니다…"*

침묵 속 시인들
하느님의 어린 양 자비를 베푸소서…
*
절두산 성지로 그가 떠난 후
서초동에 부슬비 계속 뿌리고

그가 빼지 못한 못
나도 빼지 못한 못
부슬비가 되어서 추적추적
서초동에 박히고.

* 김종철 시인의 시. '고백성사' 중에서

목련
  - 상냥한 당신

         김 성 춘

1.
아침에 일어나 언제부터인가 깊은 기도를 합니다
비바람 속을 오래 걸었습니다 그러나 비바람도 어제내 친구입니다
당신께서 내게 주신
오늘의 맑은 햇살과 야생의 바람 한줄기 감사합니다
맑고 맑은 당신

2.
부활절 아침 성당 가는 길입니다
웃시장 북적거리는 시장통지나 목련이 터지고 있습니다
마르코 새 신부님이 오셨습니다
입구에서 희고 부드러운 손으로 맞아 주십니다
성당 입구 쪽 하늘이 분홍빛으로 환합니다
아, 꽃으로 오시는 당신

3.
흰 옷 입은 마르코 사제가 목련 촛불을 들고
하늘에 미사를 올리고 있습니다
한 생이 꽃과 함께 저물고 있습니다
목련이 혼자 피었다 혼자 지고 있습니다
흰빛의, 오, 상냥한 당신

신작시
· 제주의 겨울바다에서
· 서귀포의 봄 올렛길을 가다

자작선시
· 입춘방立春榜을 붙치며
· 나이 셈하기
· 윤회輪廻
· 가을날 산사山寺에 올라

김 용 길

· 제주도 서귀포시 출생
· 1966년도 「시문학」 추천 및 「문학춘추」 시 신인문학상 당선 등단
· 시집 : 「빛과 바람의 올레」 등 다수
· 수상 : 제주도문화상 등
· 주소 : 제주도 서귀포시 동홍서로 88-11
· 전화 : 010-3694-9229

제주의 겨울바다에서

방향없이 바람이 분다
속바다 뒤집고
천겹만겹 파돗길 엎어치고
벼랑숲 기울라
난장 다 벌려놓고

천년 계곡 펑펑 울리는 물소리
심장살 때려치더니
한라산 신령님
허리발 베고 누워
섬바닥 핥고 닦더니

밤새 칠십리 길
도로 내려와
바닷물 퍼 올린다
뒤척이는 섬들
바로 돌아눕지도 못한다.

서귀포의 봄 올렛길을 가다

남녘 섬가에
한설寒雪 끝날 즈음

시퍼런 속살 드러낸 채로
엎드누운 섬들
다 일으켜 세우고
소금빛 햇살 거느리고 올라온다

숭숭 구멍 뚫린
돌담 올렛길
개나리 진달래 밭에서는
미친년 속치마 들썩이듯이
서로 눈인사 맞추다 말고
허공 울리는 바람 줄기
길을 건넌다
그대 건넌다
그대 오고
나도 가소.

자작선시

입춘방立春榜을 붙치며

이른 아침 햇살풀 발라
대문 양편에
입춘방을 써 붙인다
봄날들아, 내게로 오라고
고양이 눈빛처럼 슬며시 들어오다 말고
문지방에 걸려 넘어지는 봄빛

대길大吉하여라
마루방에 대大자로 누워
봄 날짜 헤아린다
새 달력장에 붉은 동그라미
치고 또 치고.

나이 셈하기

나잇살 셈하는 게 헛일라 하더라만
그래도 혼자 몰래 속으로 셈해 본다
가슴 한쪽 헐렁한 바람 불어
눈물이 난다

나이는 숫자에 불과하다고
진부한 말 흘려보내며
반백의 머릿결
손으로 쓸며
저만큼 달아나는 계절을 본다

비인 나무 우듬지 끝
달랑거리는 몇 잎 헤아려보며
가슴 안 그득히 밀려오는 강물 소리
귀 밖으로 흘려보낸다.

윤회 輪廻

우리 죽어서는 같은 나무로 자라자
낙목공산落木空山 비인 숲에서는
서로 등 비비며 울고
언 땅 풀리는 봄날 오거든
문어발 같은 뿌리 쭉쭉 뻗어내려
새순 움트는 가지들
활개를 펴고
무성한 그늘 드리우는 꿈
살찐 영혼으로 만나자

너는 비가 되어 내려라
빗물되어
한 열흘쯤
푹 젖게 흐르다가
저 낮은 이승의 계곡 적시고
우리 예전에 살던
빈한貧寒이 고이게 하라
골목길 씻어내리고
마당 안 깊숙히 고이게 하라

우리 죽어서는
숲이 되어 만나자
같은 나무로 자라
서로 씻어주고 닦아주는

심장의 핏줄로 만나자
같이 숲길 드리우는 그늘로 만나자.
― 김용길 제6시집에서

가을날 산사山寺에 올라

빈 마음 거느리고 산을 오른다
가을산이 가볍다
등성에 가려진 고찰古刹 지붕 너머
학날개 펴는 구름 몇 송이
바람에 날고 있다

그림자 먼저
법당 뜰에 들어서고
합장하는 손 안에
대추씨 같은 햇살
뚝뚝 떨어진다

우러러 뵈이니
법당 계단 앞
웃음 주시는 얼굴 만난다
"빈 마음 지고 올라왔습니다"
"어서 오시오, 산속이라 채울 게
없습니다그려"
"왜, 없겠습니까
산빛 채우고, 물소리 채우고…"

  －김용길 시집 「빛과 바람의 올레」(2010)에서

江물의 이름을 버리기까지

김용길 詩

흐름이 끝나면 물은 貞順해진다
긴 여정의 몸을 풀고
뼈속을 후비던 바람같은것
모두 가라앉고 난다음
강물은 이름을 버린다

흔적을 지워내고
한몸되는것
그것은 자신을 비워내는 일이다
모두것 남김없이 버리고나서
강물은 속깊은 울음하나로
다시 먼길을 떠난다

바닷속길이 하늘끝에 닿는다.

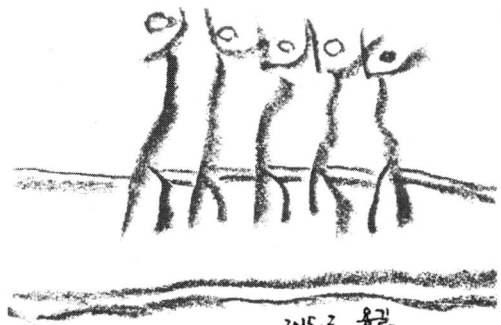

김용길 시인

김 원

신작시
· 아버지의 농업
· 미래사에서
· 죽음의 죽음

자작선시
· 제야의 종소리
· 빙어 낚시
· 섬진강
· 기러기 가족

· 「시조문학」·「열린시학」을 통해 등단
· 통영문인협회 회원
· 시집 :「물같이 고인 시간」, 「바다에 오니 산이 보이네」 외
· 현재 : 통영에서 귀촌생활 중
· 주소 : 경남 통영시 용남면 오촌길 56
· 전화 : 010-9160-8686, E-mail : wonygate@naver.com

신작시

아버지의 농업

어느 해 비바람이 논밭을 쓸어가도
아버지는 하늘을 원망치 아니하고
하늘을 화나게 했던 자신을 탓하였다.
논밭에서 거둔 곡식 곳간에 쌓아두고
배불리 먹고 남아 땅 사고 집 사면서
흉년에 이웃을 잊은 큰 잘못을 탓하였다.

하늘이 내린 땅을 맡아서 경작하며
하늘의 뜻에 따라 쓰라는 말씀 잊고
모두가 내 것이라고 욕심하고 뽐냈던 일,
언젠가 가뭄으로 농사를 망쳤을 때
하늘을 원망하고 부인했던 일까지도
이 땅을 떠날 때까지 아버지는 뉘우쳤다.

미래사*에서

껍질을 깨어내는 목탁 소리 듣습니다.
어둠을 깨우치는 풍경 소리 듣습니다.
쉼 없이 씻어내리는 물소리를 듣습니다.

목탁에 떠오르는 둥근 달을 봅니다.
추녀끝에 헤엄치는 물고기를 봅니다.
이제야 꽃눈 터지는 저 매화를 봅니다.

* 미래사 : 통영 미륵산에 있는 사찰. 고은 시인이 한때 수행한 곳이기도 하다.

죽음의 죽음

죽음이 죽음일 때 생명이 생명이듯

생명이 생명일 때 죽음도 죽음이리

생명에 욕되지 않는 온전한 죽음이리.

생명에 죄를 짓고 짐승으로 쫓기다가

짐승의 먹이마저 되지 못한 죽음이여

기나긴 너의 꿈 끝에 천국이 있었나니…

자작선시

제야의 종소리

지난 해 종소리를 올해도 듣습니다.
혼자는 칠 수 없는 무거운 그 종소리
일년의 마지막 자정 울음으로 듣습니다.
단청 환한 종루 아래 흰 옷 입은 사람들이
몸으로 부딪치듯 쇠북종을 울립니다.
광막한 서른세 번의 하늘종을 울립니다
종소리 지나는 곳 마을마다 불을 켜고
마주 선 병사들도 무기를 내려놓고
종소리 오는 곳으로 손 모우길 바랍니다.

빙어 낚시

하늘이 억장같이 얼어붙은 물 속에는
머리 위로 오는 봄을 엄마처럼 기다리며
배고픈 물고기들이 긴 겨울을 나는데,
하늘창에 구멍 내어 "엄마다" 손 내밀듯
바늘에 미끼 달아 얼음 밑에 드리우자
조그만 물고기들이 줄을 지어 올라오네.
겨울에도 불곰처럼 배부른 군상들이
그 어린 물고기를 별미로 먹으면서
고추장 묻은 입으로 낄낄대며 웃고 있다.

섬진강

지리산 앞만 보고
시집 온 섬진강은

지리산 뒷 세상은
아무 것도 모릅니다

첫날 밤
다짐한 대로
은어들만 키웁니다.

기러기 가족

무리지어 간다고 옳은 길 아니듯이

앞장서서 간다고 아는 길 아니란다

누구나 가장이 되면 길을 내며 가야 한다.

등대도 섬도 없는 차가운 하늘 바다

줄지어 따라오는 어린 것들 울음 울 땐

잘 못된 길일지라도 앞만 보고 가야 한다.

섬진강

김 원

지리산 밟아보고
세경 온 섬진강은

지리산 뒷세상은
아무것도 모릅니다.

첫날 밤
다짐한 대로
은어들만 키웁니다.

김용길 시인

김유신

신작시
- 물박달나무
- 나는 변이를 기다린다
- 가을 잎의 노래

자작선시
- 鶴마을의 노래
- 수정란·1
- 갈잎 소리·1

- 44년 경기도 안성 출생
- 75년 「현대시학」 박두진 시인 추천 데뷔
- 시집 : 「봄의 층계」 외 9권
- 수상 : 경기문학대상·경기문화상·안성문화상 외
- 현재 : 청류재수목문학관 관장
- 주소 : 경기도 안성시 보개면 동문이길 14-17 청류재수목문학관
- 전화 : 010-9005-5852, E-mail : poet5852@hanmail.net

신작시

물박달나무

한세상을 얼마나 화두에 몰두하여 살았을까
그 보이지 않은 깊은 사상 같은 메모지
온 전신에 덕지덕지 붙이고 사는
물박달나무를 보신 일 있으십니까.

혜공, 대안, 원효, 의상 큰스님.
화두를 내주시는
얼룩진 묵은 화선지에 번짐과 같은
쪽지
덕지덕지 떼어낼 수가 없는 깊은 사상
몸소 보여주는 듯한
우리의 산천에서 쉽게 볼 수가 있는
물박달나무를 보신 일 있으십니까.

해묵은 헌옷을 버려야 할 일을
검소儉素함에 버리지 않은
성철스님의 누더기옷 차림처럼
큰스님의 정신의 메시아를
누덜누덜 붙여진 쪽지옷 차림과 같은
물박달나무를 보신 일 있으십니까.

자신의 비늘을 털어내지 않고
응달진 산기슭에서
그대 시 안에 자문자답을 내주는

그대 화두를 덕지덕지 내주는
물박달나무를 보신 일 있으십니까.

잔설 속에 묵묵 답으로
내게 화두를 주는···.

나는 변이를 기다린다

이 지구상에 벌새가 300종이나 있다는군요.
꿀 때문에 쟁탈할 때에
작은 벌에도 쏘이면 즉사할 만큼 벌에 쫓기며 몇 그람 몸무게로
순간적 초고속 하루에 2000종 꽃을 찾아
1초에 날갯짓 40번 회전으로 날아서 꿀을 따먹고 살아가는
가뜬한 벌새.
45분 안에 배를 채워야만 된다는데
신비스럽게 밤으로는 겨울 월동 잠을 자듯이
동면 수면상태로 아침을 맞이하는
진화로 살아가는 벌새들.
꽃술이며 꿀을 따먹기 위하여
어느 벌새는 몸길이와 같이 10cm나 긴 부리로 특수 긴 꽃에 꿀 따기 전문가로
진화로 거듭 살아가는 어느 벌새는 구부린 부리로 용인한 꿀을 따먹는다는
신비스런 벌새들의 생리관찰
초고속 렌즈의 카메라가 아니면 촬영을 할 수가 없다는
벌새들의 날렵한 날갯짓
벌새들이 300종이나 된다는
나비 날개보다도 더 호색의 화려한 벌새들이
지구상에서 우리와 함께 살아간다는 것을 아시나요.

남국의 바닷가 맹그로브나무 뿌리가 엉킨 숲에 물총고기는
몸통 길이는 10cm밖에 되지 않는데
맹그로브나무 숲에 곤충을 1m 높이도 명중시켜
먹이를 잡아먹으며 살아가는
등에는 청회색 빛이지만 배면 몸통은 검은 얼룩 점박이를 지니고
큰 눈동자는 수면 위 수많은 곤충 종류를 물총 쏘아 잡아먹으며 살아가는
물총고기.
먹이감 크기 따라서 물량도 다 다른
때로는 물총을 쏘아 놀라게 한 후 점프로 뛰어올라 먹이를 잡아먹고 사는
물총고기의 명중 실력.

우리 인간들은 저마다 독특한 인자 디엔에이로 파악하여 심도 깊이 살지요
이제는 어디까지 진화하여 살아갈런지 잠잠히 지켜볼 발길은
머나 먼- 신기루가 현실화로 보일 뿐.

우리 인간에게는 먹고 살기 위해서 만족을 모르는
행복의 가치성 꿈의 욕망에서 누대 정치가문으로
예술가 장인으로 보이지 않게 세상으로

전전하여 디엔에이 유전성으로 발전하여 아름다운 세상 밝은 세상으로
발전하지만, 때로는 사회에 악이 될 수가 있는 무서운 이기심으로 도처에
뱀의 혀를 내밀며 도사리기도 하지만
우리 가문 혈통에도 아버지의 뛰어난 공예실력 후손들은 할아버지 닮아서 외손까지
미술계통으로 대를 활약하며 손을 뻗어서 사회인으로 면면하게 살지만
일면 까다로운 성격에 벽이 많은 내심 자탄을 하며 그래도 함께 어울릴
메신저 방법이란 유일한 노래일 텐데.
우리 가문은 대대로 자랑이 될 수가 없는 음치 혈통을 바꿔 변이라도 얻고 싶은
남모르게 대를 깨고 싶은 나의 내심 욕망의 꿈이었음은 절름발이와 같은
사회인을 벋어난 꿈의 자평이란
한평생 노는 자리 못 끼고 외롭게 오직 벌, 나비처럼 벌, 나비 보부상 좌판을 벌리듯이
꽃과 나무를 한평생 가꾸며 살아왔을 뿐.
나의 은근한 내심 기다림은 아들 한 놈에게 씨 개량이라도 해볼 음치의 혈통
대를 떨어내고 싶었던 바램이었으나 딸이며 아들 역시 미술계통으로 가더니 손녀 손자까지

어린 조막손으로 그림 그리기를 즐기다니.
아녀! 더 늦기 전에 돈이 생기면 낙원상가 악기 중고품이라도 손쉽게 들고 다니며
많은 친구들과 잘 어울려 노는 측으로 끼어서 연주를 할 수가 있는
장끼 한 변이로 자라기를 원하는
할아버지의 은근한 욕망의 꿈을 요즈음 상상을 해보는
우리가 눈에 띠지 않는 혈관에 흐르는 디엔에이 세계를 벋어나 은근한 기다림
이렇게 대를 이어서 살아가기보다 변이를 기다리지요.

가을 잎의 노래

연둣빛 봄이 펼치는 볕바른 봄
별꽃처럼 피어난
보랏빛 제비꽃들이
라~라~라~라~ 노래로 좋아라 보이며
잔디밭에서는 잡풀인데
오히려 당당하게 별꽃처럼 초롱초롱 보여주던
넓은 잔디 뜰 한 가운데
목련나무 넓은 그늘 펼쳐보이던 잎 자락 사이에
새들의 가을 노래도 접는다.
따가운 뙤약볕 그늘 자락에서
우리 손녀손자 깔깔 웃음도 명년의 봄꿈으로 간다.
하얀 억새꽃으로 쓸어가며 가을바람이 이는 대로
발길 따라서 낙엽들이 감성의 노래로 다가온다.
별들이 쏟아져 내려오던 가을밤에 별 하나 나 하나 풀벌레 소리들도
가을바람에 의지하여 낙엽들이 아직 정착하지 못한 채
감성의 노래로 훌훌 내린다.
늦가을 비에 눅눅히 정착하여 발에 밟혀가며 쏠베지 노래로 내린다.
낙엽이 내리는 넓은 잎 자락 그늘에 쫓겨서 난분들은
서재로
그렇게 해마다 또 한해가 저물어 간다.
죽백난 꽃대의 꿈이 며칠이면 향의 주머니를 내어줄
보름 달빛에 손을 내미는

올 겨울은 예년에 없는 한파가 맹위를 떨치게 된다는
그 예고를 아는지 모르는지 난분들.
내 인생도 이제는 깜박깜박 까맣게 불이 꺼지듯이 기억력들
서서히 비워가는 단추가 풀어지듯이 머지않아 종착지가 가까워서일까
서재 창 안으로 가득 들어오는 볕살이 곱게 보이는 것이요 근래에 들어 고마워진다.
가을을 미련 없이 몰고 갈 늦가을 비가 내일 모레에 지나간 후에는
갈퀴발에 걷어져 모으는 낙엽들은 또 다시
새우란 따스한 이불자락으로 덮여질
낙엽들의 감성으로 이어지는 비늘과 지느러미는
어떤 시흥의 날개로 피어내 보일 일이다.

자작선시

鶴마을의 노래
― 논두렁

황토 맥질한 논두렁에
콩나물콩이 송긋송긋 열지어 나오다

새벽이면 산비둘기
백로 두어 마리 긴 목을 뽑아 먹이를 찾다
꼬불꼬불 따비로 일궈놓은
우리네
주름진 논두렁
오랫동안 이어온
완벽한 선.

베잠방이 적시며 물꼬머리를 찾는
헛기침 속의 허기
그 울림
휘파람새 꾀꼬리란 놈이 채워 주는가

안개는 자욱
뙤약볕이 열리는
논두렁 물꼬머리.

수정란 · 1

오
순결, 순수, 투명
낙엽 속에서 솟아 피어나는
고귀함.

숨소리까지 죽여 가며
조아려 보게 하는
푸른 잎 자락도 없이
하얀 수정체로 피어서
하늘에서 투명으로 내려다보시는
높으신 주님께
고해성사 바치라는
꽃.

갈잎 소리 · 1

청류재廳流齋 소설小雪
빈 뜰에는
훌훌 떨어져 내려앉은
갈잎들.

가을 내내 초롱초롱 구슬을 엮어 울던
귀뚜라미 소리처럼
갈바람이 스며서 운다.

볕 바른 언덕에
구절초 감국 꽃잎도 마른 소리 내며
가슴으로 젖어오는
청류재
뜰.

시인詩人의 발길에 채이는
낙엽 소리가
시 낭독처럼 들려온다.

하두
　술 술취

한 해도 며칠,

칠흑과 같은 하늘에서
눈발이 내린다.

방안에서는 시계 소리만 들리는
기나긴 밤.

하얀 눈이 얼비춰진 창문이
내게 슬며시 거울로 다가온다.

권천학 시인

신작시
- 후투티를 위하여
- 망우초忘憂草를 보면
- 대추나무를 베다

자작선시
- 돛단배를 보아야 시상이 떠오른다
- 새
- 플루트와 갈매기
- 청류재에서

박 찬 선

- 경북 상주 출생
- 「현대시학」 추천
- 시집 : 「돌담쌓기」, 「尙州」, 평론집 : 「환상의 현실적 탐구」 외
- 수상 : 제3회 흙의 문학상 · 대한민국향토문학상
- 한국문인협회 경북지회장 · 펜클럽 경북지역위원회장 역임
- 현재 : 한국문인협회 부이사장, 한국시인협회 회원
- 주소 : 경북 상주시 만산2길 21-2(만산동)
- 전화 : 010-3534-8971, E-mail : sunk631@daum.net

신작시

후투티*를 위하여

큰일이 있을 때는
누군가에게 현몽을 한다지,
백 년 가까이 어둠의 곳간에서 잠자든
상주 은척 동학교당 정신의 유산을 널리 알리는 날
너도 감응을 했구나.
머리에는 하늘 우러르는 관모冠帽를 쓰고
예복을 갖춰 입고 왔구나.
철벽같은 건물들 빼곡히 들어찬 막힌 공간에서
미로 같은 길, 용케도 찾아왔구나.
한 자, 한 획, 한 뜸이 새 생명으로 피어나는 자리
그에 어울리는 괘상卦象으로 치장을 하고
북녘에서 먼 먼 길 날아왔구나.
여기는 젊음이 넘치는
새 아침을 열어가는 뜨거운 곳
겨울을 녹이는 입김이 새싹을 돋게 한다.
고통 없이 사는 삶이 어디 있더냐?
캄캄한 밤길 걷듯 외가닥 줄타기 하듯
그렇게 살아온 게 아니더냐?
오늘 여기 있음도 고마운 일일지니
무섭고 사나운 덫을 넘어
가려무나, 영세불망永世不忘의 주문을 안고
봄이 오는 자작나무 우거진 숲으로

* 후투티 : 학명은 Upupa epops. 후투팃과에 속한 새. 몸길이 28cm , 날개 길이가 15cm 정도. 몸빛은 분홍색을 띤 갈색, 날개와 꽁지에 흰색과 검은 색의 줄무늬가 있고 머리에는 눕히고 세울 수 있는 크고 긴 깃털이 있다. 우리나라, 중국, 만주, 시베리아 등지에서 번식하며 겨울에는 남쪽으로 내려와 월동한다.

망우초忘憂草를 보면
─尙州 (234)

시름을 잊게 한다는 망우초를 보면
문득 생각나는 시인이 있네
당쟁과 임란으로 어지럽던 시절
바르고 곧은길을 걸어가신 선비
4살 적 아주 어린 나이에
구름은 푸른 산머리를 가두고
연기는 저문 강 허리를 가르네*라고 읊은
시재詩才가 빼어난 이재頤齋 조우인曺友仁 선생은
시로서 두 번이나 화를 입었으니
누가 시를 여리다고 하는가
누가 시를 눈물이 마른 흔적이라 하는가
시를 벗삼아 몇 십 년을 보냈어도
시 사랑은 저물녘 빈 하늘의 아쉬움으로 남고
높이 돋아나서 눈짓하는 별꽃인 것을
시인을 가리켜 사막에서 풀을 찾는
어리석은 자라고 하더라도
외롭고 기나긴 밤에 화톳불을 다독여 살리듯
시를 모시는 화두는 멈출 수 없나니
사나운 바다에서 진 우리의 꽃들을 생각하면
시름을 잊지 못하는 생우초生憂草일 테지만
가늘고 긴 꽃대가 생명줄이듯
기다리는 마음의 시는 지울 수 없나니
어린 소년이 나팔을 부는 모습같이 청초한
망우초 꽃피는 여름이 오면

생각나는 소나무의 시인이 있네
아! 못 잊을 사월의 사람들이 있네.

* 雲囚碧山首 煙割暮江腰

대추나무를 베다
— 낙동강 (20)

서책을 보던 낙파*가 머리도 식힐 겸 해서 들로 나갔다. 벼들이 따가운 햇살을 받아 반들반들 윤기가 흘렀다. 바람이 불 때마다 푸른 물결이 겹겹이 일고 있었다. 새참을 마친 농부들은 흥겨운 농요를 부르며 논바닥을 뒤지고 있었다. 마치 하얀 학 떼가 줄지어 선 것같이 보였다. 나무그늘에 앉아 정겹게 보고 있던 낙파가 하인에게 물었다. "저기 저 논 한복판에 줄지어 서 있는 검푸른 나무가 무슨 나무냐?" "네, 대추나문데요. 그게 바로 일 년에 몇 섬씩 따는 대감댁 대추나뭅니다." "그래, 너 당장 집에 가서 톱을 가져 오너라." "아니 톱은 뭣에 쓰시려고요?" 하인은 뜻밖의 분부에 의아해 하면서 되물었다. "저 대추나무가 논 가운데 가로막고 있으니 그 밑 논은 그늘이 져서 벼가 잘 자라지 못할게 아니냐?" "그렇다고 저 큰 대추나무를 다 벨 수야 있겠습니까?" 하인은 애가 타는 듯 낙파를 쳐다보았다. "모르는 소리 말아라. 대추는 양반들 제사상에나 올리는 것, 한두 줌 안 먹는다고 죽을 사람 없다. 하지만 벼는 백성들이 먹고사는 양식이 아니냐? 벼에 해를 주면서까지 대추 따 먹을 생각은 없다." 낙파의 강직한 말을 들은 하인의 머리는 수수이삭처럼 저절로 숙여졌다. 곧 이어 대추나무는 쓰러져 누웠다. 높다란 장벽이 무너진 듯 사방이 훤하게 틔었다. 푸른 낙동강의 시원한 바람이 불어왔다. 벼들이 춤추듯이 푸른 물살을 이루고 있었다.

* 낙파 류후조(洛坡 柳厚祚, 1798~1875) 서애 류성룡의 8대손으로 강고 류심춘의 맏아들. 정조 22 상주시 중동면 우천에서 류효조(동덕랑)와 쌍둥이로 태어남. 1858년 철종 9년 文科庭試에 급제, 우의정, 좌의정, 判中樞府事 지냄. 奉朝賀에 제수됨. 향년 78세. 福德宰相, 낙동대감이라 부름. 『聖學養正篇』「北行歌」가사를 남김. 『낙파선생문집』이 있음.

자작선시

돛단배를 보아야 시상이 떠오른다
―낙동강 (21)

낙동강에 돛을 단 소금배가 오르내린 적이 있었지요. 부산에서 소금 가마니를 잔뜩 싣고 700리가 되는 상주 낙동나루 위의 우천을 지날 때는 돛을 내렸다나요. 그곳에 전임 정승이 계신 곳이어서 예를 표하느라 뱃사공들은 굵은 동아줄로 배를 끌고 지났는데 바람이 세차게 부는 날이나 소나기가 퍼붓는 날에는 무척 애를 먹었대요. 그 이야기를 들은 어느 날 낙동 대감은 도사공을 불러 '내가 돛단배를 보아야 시상이 떠오르는데 왜 돛을 내리느냐 이후로는 돛을 올리고 내왕하라'고 일렀지요. 그 뒤로는 전승 장군의 깃발처럼 돛을 높이 올리고 지났대요. 대감 계신 곳을 향해 경건하게 절을 하고 뱃길을 재촉했대요. 강바람이 시원하게 물길을 열어 줬대요.

새

눈 속에
새 한 마리 날아와 보이지 않는다.

눈 속에
새 한 마리 날아와 눈이 되었다.

눈 속에
새 한 마리 날아가 보이지 않는다.

눈 속에
새 한 마리 날아가 눈이 되었다.

눈 속에는 눈뿐이다.
부는 바람도 눈바람이다.

플루트와 갈매기

막내가 읽다가 둔
전봉건 시인의 산문집 '플루트와 갈매기' 속을 따라가면
바닷가 잔 물살이 남실거리고
조약돌이 반짝입니다.
배 한 척 아득히 수평선에 떠 있고
갈매기 소리 귀를 틔웁니다.
잔잔한 플루트 소리에
섬마을이 평화롭게 잠이 깹니다.
하지만 전봉건 시인은 6.25의 시인
아픈 피의 시인
조상의 무덤을 북쪽에 두고
못 이룬 소원이 뭉쳐서 북향으로 누운 한의 시인
그 풀길 없는 한이 돌에 뭉쳐
돌 속의 푸른 새로 남아
밤마다 애잔한 울음이 임진강을 넘습니다.
막내가 읽다가 둔
전봉건 시인의 산문집 '플루트와 갈매기' 속을 따라가면
막내가 가꾼 하늘나라의 꽃동산이 열리고
전설의 길로 나는 홀로 갑니다.

청류재에서
─如然 金有新 詩伯님께

시가 예쁜 옷을 입고 나들이를 했다
영산홍이 발그레 상기된 얼굴로 뒤따르고
무뚝뚝한 경상도 사람의 얼굴 같은
떡갈나무 잎이 너울거린다
박새 떼들의 재잘거림
연못에 홀로 남은 원앙새의 꿈이
해묵은 은행나무에 걸려 있다
다투어 시를 읊으려다가
시무룩한 얼굴로 마주보고 있는 돌들
오월의 햇살이 맨살을 드러내고
깔깔 웃음을 쏟아내고 있다
부드럽고 느리고 낮은 음성이
사람을 머물게 한다
청류재 옥빛 물살들의 연주가
마음을 붙잡아 놓는다.

성춘복 시인

신작시
- 물꽃
- 석남꽃 꺾어
- 젊은 날의 초상

자작선시
- 내 사랑은
- 꿈꾸는 섬
- 뻘물
- 여자

송수권

- 1940. 전남 고흥 출생
- 1975. '山門에 기대어' 등으로 「문학사상」 신인상으로 등단
- 시집 : 「산문에 기대어」, 「꿈꾸는 섬」, 「아도」, 「달궁아리랑」, 「남도의 밤식탁」, 「빨치산」, 「퉁」, 「사구시의 노래」, 「허공에 거적을 펴다」 등, 시선집 「시골길 또는 술통」 및 기타 저서 50여권
- 수상 : 소월시문학상 · 정지용문학상 · 영랑시문학상 · 김달진문학상 · 한민족문화예술대상 · 만해님시인상 · 김삿갓문학상 · 구상문학상 등
- 현재 : 한국풍류문화연구소장, 전 순천대 교수
- 주소 : 광주광역시 서구 금부로 100(금호지구 라인아파트) 102동 1703호
- 전화 : 010-9433-7644, E-mail : kimyy1267@naver.com

물꽃

세월이 이처럼 흘렀으니
그대를 잊어도 되는 것인지 모르겠습니다
나는 오늘도 채석강 가에 나와 돌 하나 던집니다
강은 온몸으로 경련을 일으킵니다
상처가 너무 깊은 까닭입니다
상처가 너무 큰 까닭입니다
돌 하나가 떠서 물 위에 꽃 한 송이 그립니다
인제는 향기도 빛깔도 냄새도 없는 그것을
물꽃이라 불러도 되는지 모르겠습니다
오늘도 채석강 가에 나와 돌 하나 던집니다.

석남꽃 꺾어

무슨 죄 있기 오가다
네 사는 집 불빛 창에 젖어
발이 멈출 때 있었나니
바람에 지는 아픈 꽃잎에도
네 모습 어리울 때 있었나니

늦은 밤 젖은 행주를 칠 때
찬그릇 마주칠 때 그 불빛 속
스푼들 딸그락거릴 때
딸그락거릴 때
행여 돌아서서 너도 몰래
눈물 글썽인 적 있었을까

우리 꽃 중에 제일 좋은 꽃은
이승이나 저승 안 가는 데 없이
겁도 없이 남나들며 피는 그 언덕들
석남꽃이라는데…

나도 죽으면 겁도 없이 겁도 없이
그 언덕들 석남꽃 꺾어들고
밤이슬 풀 비린내 옷자락 적시어 가며
네 집에 들리라.

젊은 날의 초상

위로받고 싶은 사람에게서
위로받는 사람은 행복하다
슬픔을 나누고자 하는 사람에게서
슬픔을 나누는 사람은 행복하다
더 주고 싶어도 끝내 더 줄 것
없는 사람은 행복하다
강 하나를 사이에 두고
그렇게도 젊은 날을
헤매인 사람은 행복하다
오랜 밤의 고통 끝에
폭설로 지는 겨울밤을,
그대 창문의 불빛을 떠나지 못하는
한 사내의 그림자는 행복하다
그대 가슴 속에 영원히
무덤을 파고 간 사람은
더욱 행복하다
아, 젊은 날의 고뇌여 방황이여.

자작선시

내 사랑은

저 산마을 산수유꽃도 지라고 해라
저 아랫뜸 강마을 매화꽃도 지라고 해라
살구꽃도 복사꽃도 앵두꽃도 지라고 해라
강물 따라가다 이런 꽃들 만나기로소니
하나도 서러울 리 없는 봄날
정작 이 봄은 뺨 부비고 싶은 것이 따로 있는 때문
저 양지쪽 감나무밭 감잎 움에 햇살 들치는 것
이 봄에는 정작 믿는 것이 있기 때문
연초록 움들처럼 차 오르면서, 햇빛에도 부끄러우면서
지금 내 사랑도 이렇게 가슴 두근거리며 크는 것 아니랴
감잎 움에 햇살 들치며 숨가쁘게 숨가쁘게
그와 같이 뺨 부비는 것, 소근거리는 것,
내 사랑 저만큼의 기쁨은 되지 않으랴.

꿈꾸는 섬

말없이 꿈꾸는 두 개의
섬은 즐거워라
내 어린 날은 한 소녀가 지나다니던 길목에
그 소녀가 흘려 내리던 눈웃음결 때문에
길섶의 잔 풀꽃들도 모두 걸어나와
길을 밝히더니

그 눈웃음결에 밀리어 나는 끝내 눈병이 올라
콩알만한 다래끼를 달고 외눈끔적이로도
길바닥의 돌멩이 하나도 차지 않고
잘도 지내왔더니

말없이 꿈꾸는 두 개의
섬은 슬퍼라

우리 둘이 지나다니던 그 길목
쬐그만 돌 밑에
다래끼에 젖은 눈썹 둘, 빼어 눌러 놓고
그 소녀의 발부리에 돌이 채여
그 눈구멍에도 다래끼가 들기를 바랐더니
이승에선 누가 그 몹쓸 돌멩이를
차고 갔는지
눈썹 둘은 비바람에 휘몰려
두 개의 섬으로 앉았으니

말없이 꿈꾸는 저 두 개의
섬은 즐거워라.

뻘물

이 질퍽한 뻘내음 누가 아나요
아카시아 맑은 향이 아니라 밤꽃 흐드러진
페로몬 냄새 그보다는 뭉클한
이 질퍽한 뻘내음 누가 아나요

아카시아 맑은 향이야
열 몇 살 가슴 두근거리던 때 이야기지만
들찔레 소복이 피어지던 그 언덕에서
나는 비로소 살냄새를 피우기 시작했어요

여자도 낙지발처럼 앵기는 여자가 좋고
그대가 어쩌고 쿡쿡 찌르는 여자가 좋고
하여튼 뻘물이 튀지 않는 꽹과리 장고 소리보단
땅을 메다치는 징 소리가 좋아요

하늘로는 가지 마…
하늘로는 가지 마…
캄캄하게 저물다 뒤늦게 오는 땀 울음
그 징 소리가 좋아요

저물다가 저물다가 하늘로는 못 가고
저승까진 죽어 갔다가
밤길에 쏘내기 맞고 찾아드는 계집처럼
새벽을 알리며 뒤늦게 오는 소리가 좋아요.

여자

이런 여자라면 딱 한 번만 살았으면 좋겠다
잘하는 일 하나 없는 계산도 할 줄 모르는 여자
허나, 세상을 보고 세상에 보태는 마음은
누구보다 넉넉한 여자
어디선가 숨어 내 시집 속의 책갈피를 모조리 베끼고
찔레꽃 천지인 봄 숲과 미치도록 단풍 드는
가을과 내 시를 좋아한다고
내가 모르는 세상 밖에서 떠들고 다니는 여자
그러면서도 부끄러워 자기 시집 하나 보내지 못한 여자
어느 날 이 세상 큰 슬픔이 찾아와 내가 필요하다면
대책없이 떠날 여자, 여자라고 말하며
'여자'란 작품 속에만 숨어 있는 여자
이르쿠츠크와 타슈켄트를 그리워하는 여자
정말, 그 거리 모퉁이를 걸어가며 햄버거를 씹는
전신주에 걸린 봄 구름을 멍청히 쳐다보고 서 있는
이런 여자라면 딱 한 번만 살았으면 좋겠다
팔십 리 해안 절벽 변산 진달래가

산벼랑마다 드러눕는 봄날 오후에

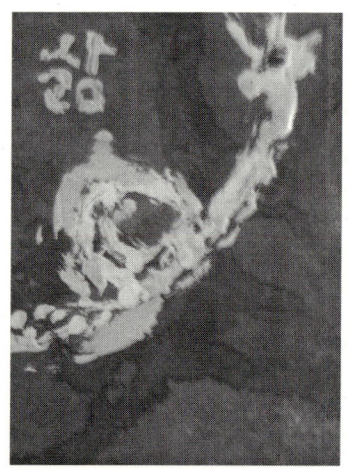

윤현조 시조시인

신작시
- 내 몸이 시가 되는 순간 · 1
- 내 몸이 시가 되는 순간 · 2
- 여래가 다녀가셨다

자작선시
- 봄이다
- 나무의 목숨
- 아버지와 아들
- 경계

신 승 근

- 1952년 강원도 정선 출생
- 1979년 「심상」 신인상으로 등단
- 시집 :「바람이 접시에 닿고 있을 때」,「그리운 풀들」,「언젠가 저 산의 문을 열고」 등
- 현재 : 오랜 교사생활을 접고 자급자족의 농사꾼으로 편입
- 주소 : 강원도 정선군 북평면 장열길 79-21(장렬리)
- 전화 : 010-5233-2461, E-mail : suryuje@hanmail.net

신작시

내 몸이 시가 되는 순간 · 1

혼자서도 머물 수 있는 삶이
나를 찾아왔다.

부피 없는 그리움만 붙잡고도
차가운 바람을 맞을 수 있다.
마루에 앉아 왼종일
산만 바라볼 수도 있다.

산은 흔쾌히 나에게로 달려든다.
나를 지나 마당 한 가운데
오랫동안 서성거리기도 하고,
방문 위에 다소곳이
머물기도 한다.

들판의 꽃들이나 나무들,
풀숲을 건너는 벌레들의 웅성거림조차
헤엄치듯 나를 통과해 간다.

실개천이 흐르고,
큰 강물도 굽이치고,
숲들도 팽팽한 긴장을 펼쳐 보이며
내 안을 건너고 있다.

이젠 꽃들이 머물렀던 자리가
나비들이 다녀간 자리가 보인다.

내 몸이 그윽해지는 순간이다.

내 몸이 시가 되는 순간 · 2

나 이제 갈란다.
가서 시드는 꽃잎이나
속을 텅 비운 채
비스듬히 서 있는 나무들
오래오래 바라보면서,
세상을 향한
육두문자는 다 집어 던지고,
어두운 숲 쪽으로
발을 뻗으며,
어느 날은
굴참나무 한 그루로
저녁놀 속에 앉아 있다가,
어느 날은
푸른 하늘에 낯을 담가도 보고.
바람이 너른 강을
건널 때에는
그 밑에 엎드린
징검다리가 되었다가
나풀나풀 뛰어가는
저 바람의 흰 정강이뼈에
휘감겨 보기도 해야겠다.
내 몸이 풍경이 되는 순간이다.

여래가 다녀가셨다

아침 일찍, 창문을 여니
뱁새며 할미새가
어제처럼 찾아오고.
해 뜨고
바람 분다.
오늘이 어제와 다르지 않고
내일 또한 오늘 같으리라
예감할 때,
꽃잎들은 일제히 향기를 베어 물고
떡갈나무 넓은 잎들이 아침 일찍
이슬을 머금고 있을 때,
내가 그 앞에서 함초롬히
안개에 젖어 있을 때.
바로 그 때,
여래가 다녀가셨음을 알겠다.
여래가 바람과 함께 찾아와
바람보다 더 낮게 다녀갔음을 알겠다.

자작선시

봄이다

봄물이 오른다더니
마당 하나 가득
연분홍의 꽃 사태다.

내 허벅지에도 스멀스멀
봄물이 차오른다.

살구나무가 가장 먼저 몸부림을 치며,
부끄럼 없는 바람기를 드러낸다.

저놈이 터지는 날
세상천지,

우린 모두 죽었다.

신승근

나무의 목숨

첫눈 내리고도 한참을 지나서야
난로에 장작을 넣었습니다.
올 겨울에도 세상을 마저 건너갈
나무들이 많을 테지요.

죽은 나무인데 어떠냐며
아무렇지도 않게들 도끼를 들이밉니다만
나는 아직도 나무들의 생애를
잘 모르겠습니다.
저렇듯 폭발하는 영혼에게,
제 몸을 헐어 다른 생을 돕는 목숨에게
어찌 죽음을 얹을 수 있겠는지요.
죽음이 저토록 가열할 수 있겠는지요.

굴뚝을 빠져나온 나무의 한 생애가
헐거운 육신을 벗어놓고
자기들 숲으로 되돌아갑니다.
벗어던진 육체는 남아서
끝끝내 내 혼을 달구고 있습니다.

한 생애가 또 다른 생에게
목숨을 건네는 순간입니다.

아버지와 아들

　노인 요양병원엘 갔었습니다. 팔십도 훨씬 넘었을 아버지 곁에 육십은 훨씬 넘어 보이는 아들이 나란히 앉아 노래를 부르고 있었습니다. 백-마는 가자-아 우울-고, 나-른 저-무-러, 아들은 발로 박자를 맞춰가며 커다란 노래책을 아버지 눈앞에 펼쳐듭니다. 아버지의 입술이 조금씩 따라 움직입니다. 지팡이를 감아쥔 손가락도 가늘게 박자를 따라갑니다.
　천둥-사-안 박-달재를, 울고 넘-는 우-리 님아, 아들은 갑자기 다음 페이지로 책장을 넘깁니다. 홍도-야 우지마-라 옵-바가, 하더니 다시 또 넘깁니다. 눈가가 아련히 젖어옵니다.
　노래마다 왜 그토록 많은 슬픔과 눈물이 달라붙어 있는지요. 자꾸 책장을 넘깁니다. 아버지는 아직도 아-내-에 나갈 길-을, 너-는 지-켜-라 하며, 아들을 조릅니다. 아들은 아내라는 소리가 자꾸만 아들로 들리는 모양입니다. 젖은 눈으로 아버지를 바라봅니다. 마치 아버지가 아들을 바라보는 눈길입니다.
　-아버지에게 치매기가 생겼어요. 평소에 좋아하시는 노래라도 같이 부르면 나을까 싶어 시작했지요. 아버지도 내 어릴 적 많은 노래를 가르쳐 주셨거든요.-
　푸-른 하-늘 은-하수 하-얀 쪽-배에, 아버지의 두 눈이 젖어옵니다. 화장실로 가는 아버지를 아들이 따라갑니다. 아버지가 아들처럼 걸어갑니다. 돛-대도 아니 달-고, 삿-대도 없-이, 가-기도 자알-도 간-다,

- - -자알-도 간-다. 간-다. 아버지의 기억은 여기에서 멈췄습니다. 서-쪽 나-라-로. 아들이 거들어 줍니다.
 아버지와 아들이 함께 가는 길입니다.

경 계

눈보라가 절벽을
기댄 채 내리고,
눈보라가 강물에
몸을 던져 흐를 때.

절벽이 눈보라를
배경삼아 서고,
강물이 눈보라에
싸여 흐를 때.

누가 앞에 서고
누가 뒤에 흐르는 것이 아니라,
앞이 뒤가 되고
뒤가 앞이 되기도 할 때,

나 또한 그
경계에 이르러
안팎이 다른 것이 아님을
알게 될 때,

산문을 지나 불이문에
막 다다랐을 바로
그때,
눈썹 끝에 천근, 만근의 싸락눈이
사뿐히 내려와 앉았다.

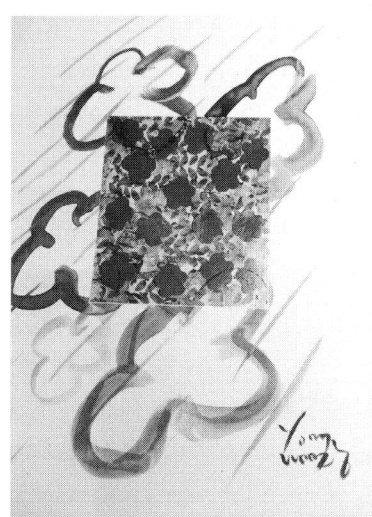
장윤우 시인

정 연 휘

신작시
· 수로부인과 술 한 잔을
· 죽서루에 오르면
· 마이산 북소리

자작선시
· 묵시록 · 1
· 해일주의보
· 여름 바다에서
· 찔레꽃

· 취렴(翠簾), 삼척 출생, 서라벌예대 문창과 졸업
· 1988.10. 서정주 발행 월간 「문학정신」으로 등단
· 수상 : 삼척시문화상 · 관동문학상 · 한국예총문화예술상 · 강원문학상
· 시집, 수필집 「해문밖에서」 외 5권, 편저 「三陟文學通史」
· 현재 : 한국문협 발전위원, 도서출판 海歌해 발행인
· 주소 : 강원도 삼척시 오십천로 301-30, 101동 1503호(현대A)
· 전화 010-3341-3327, E-mail : haika@hanmail.net
· http://blog.daum.net/haika

신작시

수로부인과 술 한 잔을
―꿈에서 · 1

푸른 비늘 번득이는 야성의 바다
여름 바다에 발목 담그고
출렁이는 물결, 자줏빛 바위에 앉아
낚시를 띄우고 세월을 낚는다.

퍼올린 세월에 묻어온
수로부인水路夫人과 통성명
생전의 연이라 생그레 웃는,
퍼올린 세월의 빈 잔에
술동이 앞에 놓고
잔을 채운다.

임해정臨海亭 삼척 바닷가
벼랑의 철쭉꽃은 아직도 피어 있고
생기 넘치는 절세미인과
―한 잔 더 드시지요
―한 잔 더 드시지요

흐트러지며 정념이 교감하는
가는 허리 하늘하늘 춤을 추는
온몸 발그레 상기한 수로부인
사위 별들이 원무하다

수륙水陸에 내려 꽃으로 반짝이고
―다시 한 잔 더
―다시 한 번 더

죽서루에 오르면
─오십천 · 2

낭낭히 들려오는 소리가 있다.
죽서루에 오르면
아주 먼 옛날, 민족자존의 소리
샘물 소리 솔바람 소리에 섞이어
고려 때의 소리가 들린다.

구름에 허리 가린
두타산 천은사*로부터
오십천 강줄기 따라 묻어 오는
낭낭한 글 읽는 소리

뼛속까지 깨끗한 선비
이승휴* 선생이
『제왕운기帝王韻紀』* 글 읽는 소리.
아주 먼 옛날, 자존의 소리.
죽서루에 오르면
고려 때의 소리가 들린다.

* 천은사 : 『제왕운기』의 산실, 삼척 미로에 있는 사찰
* 이승휴 : 1224~1300 동안거사로 『제왕운기』 저자
* 『제왕운기(帝王韻紀)』 : 상하권 한 책, 외침의 수난기인 고려 중기의 민족 서사시

마이산 북소리

전라全裸의 암수 마이산이다
얇디얇은 운무雲霧옷을 어깨에 걸치고
수줍은 미소로 맞는다.
탑사塔寺에서 원시시대를 옆에 끼고
마이산 샅길 천황문을 오른다
정상에 서니 둥둥둥
뼛속까지 파고드는 천고天鼓 북소리.
지천을 이은 가냘픈 허리의 키 큰 나무
음각 암벽에 양각으로 키 자란
이파리 실핏줄이 북소리에 하르르 떨린다
내 온몸 파장으로 물어오는 하늘 목소리
너, 흔들며 살아온 이승 삶은 무엇이뇨
너, 별을 보는 마음으로 사느뇨
너, 흔들림을 분해하라, 둥둥둥 천고 북소리
원시시대를 옆에 끼고, 수줍음 타는
암수 마이산 샅길 천황문을 내린다
옷을 적시는 여기는 이승인가
천고정天鼓亭에서 천고를 친다
등 굽지 않은 스님 말씀 따라
세 가지 약속, 세 가지 꿈, 세 가지 번뇌를 친다
둥둥둥, 내 자신이 주인이다.
지천을 울리는 마이산 천고 북소리.

자작선시

묵시록 · 1
− 겨울 꽃밭에는

겨울 꽃밭에는
마음 아파 입다문 꽃들이
어둠처럼 수묵 빛으로 말라
바람이 불 때마다
거부의 손짓을 보낸다.

꽃은 떠나가고
꽃핀 자리에 꽃의 영혼이 매달려
묵시의 반란을 일으키고 있다.

겨울 꽃밭에는
어둡고 단단한 뿌리에
핏줄같이 따뜻한 물이 살아서
한 시대 저리고 아픈 엄동을 견딘다.

오늘은 내 삶의 빈 자리
아주 조용하고 낮은 자세로
발 시린 아침이
겨울 꽃밭에 내린다.

해일주의보

바다는 일어서서 산행을 한다
잠든 야밤에 도적같이
해변 상가 지붕 위를 걸어서
두타산頭陀山 산정에 따개비 붙이려
바다는 산행을 한다

바다를 텃밭으로 살아가는
추암 마실 할아버지 말씀이
윙윙윙 고막을 울린다
— 옛날 아주 옛날 조수가 일어나
두타산에 바다 따개비가 붙었다

밤비 내리는 날 소리 없이
적막으로, 해안 도시의 고층 건물을 밟고
부풀어 부풀어 바다는 산행을 한다

강진으로 일본 열도가 주저앉던 날
동해안 해일주의보 내리던 날
옛날 아주 옛날 두타산에
바다 따개비 붙었다는
전설이 벌떡 일어나
성큼성큼 산행을 하고 있다

여름 바다에서
—金益河 訶白께*

나이쯤 잊은 채 파도 타기를 한다
맹방리* 바다에서
키를 넘는 파도를 뛰어 넘으며
정신의 싱싱한 젊음으로
반백의 친구와 파도 타기를 한다

동심이 여름을 먹었다
살갗의 세포를 뚫고
혈관에 정신에 짜릿짜릿
차갑게 파고드는 싱그러운 우정.
파도타기를 한다

겹겹이 찰랑찰랑
더러 감당키 어렵게
밀려왔던 생애.

나이쯤 잊은 채
싱싱한 정신의 젊음으로
파도머리를 뛰어 넘으며
여름 바다에서 파도등을 탄다

* 金益河 訶白께 : 소설가, 『33년만의 해후』 외 소설집 이 있음
* 맹방리 : 삼척시 근덕면 맹방리 '맹방해수욕장'

찔레꽃

무명의 하늘 가는 길목
산자락 길섶에
소복한 여인들이 흐드러져 있다.

산 따로 숲 따로
외로운 산협
여인들이 어깨 부비며
제자리 떠나지 못하고
하얗게 하얗게 흐느끼고 있다.

산 높고 골 깊어
드러누운 대관령 산그림자
한恨이 높고 깊어
무명의 하늘 문 들지 못하고
산자락 길섶에
머리 풀고 어깨 추스르며
하얀 영혼
서럽게 서럽게 흐느끼는
오백년 조선조 여인들

찔레꽃
저○○희

목련의 하늘 가는 길목
산자락 길섶에
수북한 여인이 흐느끼며 있다

산 따라 숲 따라
와오던 산행
여인들이 어깨 못비벼
재차 떠나지 못하고
하많게 하많게 흐느끼며 있다

산 높고 골 깊이
드러누운 대관령 산그림자
한(恨)이 높은 길에
목련의 하늘로 들지 못하고
산자락 길섶에
머리 죽은 어깨 추스르며
하얀 영혼
서럽게 서럽게 흐느끼는
오백년 찔레꽃 여인들

장윤우 시인

신작시
- 노숙
- 그곳에는 비가 내리고 있었다
- 원경遠境

자작선시
- 편지
- 1인 시위자
- 망월동에서 띄우는 엽서
- 꽃 지는 봄날

조 영 일

· 1975년 「월간문학」 신인상 및 「시조문학」 추천
· 시집 : 「바람길」, 「솔뫼리 사람들」, 「마른 강」, 「시간의 무늬」 등
· 엔솔로지 「우리 살고 있는가」 외 20여 권
· 수상 : 이호우시조문학상 · 경북문화상 · 경북예술대상 · 한국문학작가상 외
· 한국문협 이사, 한국시조시인협회 부이사장, 경북문협 회장 등
· 현재 : 이육사문학관장
· 주소 : 경북 안동시 송천3길 12-5(송천동)
· 전화 : 011-529-1096, E-mail : choyoungil264@daum.net

신작시

노숙

씨가 마른 지 오랜
욕을 까먹으며

삶이 헐어 터진 누더기 끌어안고

자정이 지난 서울역
지하도 안 잠 깊다

인적 끊긴 지 오랜
밤이 깊어갈수록

하나 둘 늘어나는 신문지로 가린 봉분

꿈길에 눈이 내리는
엄동嚴冬을 건너고 있다

그곳에는 비가 내리고 있었다

비 오는 강가에 나와 멍하니 앉아 있다

몸이 젖을수록 열이 솟구치는

빗소리 낮은 음색에 마음 먼저 젖었다

물이 흐르는 소리 몸 안에서 새어 나온다

벌써 멀리 가버린 여운을 담아 오래도록

비 오는 강가에 나와 하염없이 앉아 있다

원경遠境

산은 멀수록 더욱 선명한 모습이다

능선을 지키고 선 나무들 마찬가지다

세상 일 또한 멀수록 자세하게 보인다

무심히 곁을 스치는 엷은 바람 소리까지도

멀리 지나고 나서야 맘 속 파고들어

가랑잎 하나 띄우는 소리 담아 보낸다

삶도 되돌아보면 그때 조금 알게 되는 것

멀리 떠나고 나야 그대 비운 자리

비로서 깨달아 아는 선명함에 잠긴다

자작선시

편지

여름 가기 전에
한번 다녀가라고

망초꽃 흐드러지게 핀 향기 담아 보낸다

잊고 산 너 보고 싶음
깨우치는 일이다

1인 시위자

하늘 가장 가까운 타워 크레인에 올라

세상을 향해 쏟는 붉은 피의 절규

검게 탄 1인 시위자 삶의 절박함이여

무서운 것은 단 하나 살자고 살아보자고

헐벗고 상처뿐인 분함 펄럭이며

어쩌지 못해 매달려 피켓이 된 몸이다

망월동에서 띄우는 엽서

광주로 가는 날 아침 굵은 비가 내렸다
산 자가 죽은 이에게 바치는 눈물이라며
함께 간 친구가 혼자 혀를 차며 중얼거렸다
살아서 말하지 못한 비굴함 탓이었을까
입 벌려 내리는 비 무작정 받아 깨물며
축축히 피에 섞이는 비를 맞아야 했다
망월동 가지런한 무덤에 와 비로소
턱없이 고개 숙이고 손 모아 쥔 부끄러움
내리는 비를 맞으며 씻고 또 씻는다

꽃 지는 봄날

슬픔은 사람에게만 있는 게 아니다

뜰에 지는 꽃을 보면 쓸쓸하게

바람에 흔들리면서 까맣게 볕에 탄다

아프지 않는 상처 어디에 있겠는가

꽃 지고 난 세상 가볍지 않는 울림

잎 피고 꽃 지는 봄날 몸에 새겨진다

노숙

조 영 일

씨가 마를지 오랜
옥을 까먹으며
삶이 헐어터진 누더기 끌어안고
자정이 지난 서울역
지하도 안 잠 깊다

인적 끊긴지 오랜
밤이 깊어 갈수록
하나둘 늘어나는 신문지로 가린 봉분
꿈길에 눈이 내리는
영동을 건너고 있다.

차한수

신작시
- 뜨거운 달
- 물구나무서서 보기
- 튀튀새 울다

자작선시
- 별똥별
- 서포西浦에서
- 거울
- 별자리 · 5

- 1977년 「현대시학」으로 등단
- 시집 : 「신들린 늑대」, 「날아다니는 나무」, 「뒤」 외
- 수상 : 윤동주문학상 · 부산시문화상 외
- 현재 : 동아대 명예교수
- 주소 : 613-828 부산시 수영구 민락로 13번길 14. (민락동) 301호.
- 전화 : 010-3839-0525, E-mail : enl0525@hanmail.net

신작시

뜨거운 달

머리 푼 달을 인 베매기
겻불처럼
도토마리 내려다보는
장독대 둘러앉은 봉선화
꽃망울처럼

우물가 시궁창에 실지렁이
별을 마시는 야밤
어머니 양 볼을 기는 물레 소리
옷섶을 젖는
물결처럼

물구나무서서 보기

칠흑 같은 어둠이 깊다
소나기 묻어오는 먼 산을 바라보고
거꾸로 선 이름을 찾다가 눈을 감았다 떴다
어깨 너머로 스쳐간 수많은 어제가
돌담에 우두커니 기대서서
밭 언덕을 날고 있는 노랑나비를 보다가
말라버린 듬벙을 하염없이 들여다보다가
거꾸로 선 나무를 불러보다가
안개비로 젖은 몽돌이 말이 없다가
이슬 머금은 수수이파리 맞는 아침을 기억하고
땅을 뚫고 손 내미는 달래 냉이
눈짓에 취한 노래가
하나 둘 별이 되고 있는 것을 보았다

튀튀새 울다

튀튀새가 운다
떼로 날아와 운다
겨울 풀밭에서 운다
울음소리 속에
튀튀새는 없다가
마른 억새가 춥다가
억새가 울면
억새의 울음을
튀튀새도 운다
튀튀새는 울어도
튀튀새 울음은 없다
밤이 꽁꽁 얼어붙은
어둠을 안고
머나먼 꿈을 나는 울음이
마른 이파리 소리로
걸어가는 풀밭을 마신다
눈 펄펄 날리는
그리움이 추워
튀튀새는 운다
떼로 모여 울기만 한다

별똥별

가야지

뒤를 돌아보지 말아야지

욕심나는 것 모두 두고

가야지 저기 수많은 별빛으로

수놓은 나라로 꽃이 되어

웃지 말아야지

울지도 말아야지

발자국도 남기지 말고

가야지

서포西浦에서

가을비가 내린다

작은 어선들이 머리 숙이고 앉아 꿈꾼다

젖은 갈댓잎도 오후의 어깨 어루만지며

철썩이는 바다의 눈 바라본다

벌거벗은 개펄의 몸부림에

바다는 자꾸만 뒤로 물러서고

안개를 비비는 비

작은 섬 허리 가리고 잔잔히 내리는데

젖빛 차일 너머로 봉우재 저녁 종이 은은하다

거울

바람 보이다
소리 보이다

바람 보다가
소리 보다가

눈 감으면 보이는 눈썹

바람 같다
소리 같다

멀어지는 길 같은

그

하늘

별자리 · 5

초여드레 달빛이

옷섶을 가늘게 흔들고 있네

갈댓잎도 겨울을 흔들고 있네

바람이 된 그대 생각에

무덤이 떠 있는 해변을 바라보면

전생의 그리움이

저 바다에 반짝이고 있네

별자리 · 5

차 한 수

초여드레 달빛이
옷섶을 가늘게 흔들고 있네
갈댓잎도 겨울을 흔들고 있네
바람이 된 그대 생각에
무덤이 떠 있는 해변을 바라보면
전생의 그리움이
저 바다에 반짝이고 있네